국보현대시선 53

내 마음의 노래

海松 김태옥 시집

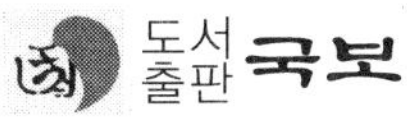

내 마음의 노래

초판 인쇄　2012년　5월 1일
초판 발행　2012년　5월 7일

지은이　김태옥
펴낸이　임수홍
편집디자인　윤영숙
표지디자인　맹신형
발행처 : 도서출판 국보
주소 : 서울시 강동구 길동 395-3　2층
전화 : (02) 476-2757~8, 7260
FAX : (02) 476-2759
카페 : http://cafe.daum.net/lsh19577
E-mail : kbmh11@hanmail.net

값 10,000원

ISBN　978-89-93533-31-6 03800

시집을 내면서

한평생 경직된 공직생활에서 몸에 배인 규율을 활활 털고 새롭게 제2의 인생으로 출발하는 이 마당에 세상사 보고 느낌은 어떠하랴, 만물을 보다 멀리 그리고 더 넓게 보고 느낀 이 감정을 순수하게 서정(敍情)과 산문(散文)으로 표현 한다면 이 또한 "내 마음의 노래"가 될 것 아니겠는가?

그러나 내 인생에 마지막 뒤안길에서 지난날의 추억과 새로운 산물을 보고 느낌을 서정적(敍情的) 문학으로 표현하고자 노력해 보았다.

이러한 시(詩)적 감정이 여러 독자들에게 충분이 전달 될지는 모르겠으나 나름대로 시(詩)라고 써서 세상에 태어나게 하였으니 부족한 점이 너무 많아 한편으로 부끄럽기 그지없다.

하지만 내 인생의 황혼에서 이러한 용기를 가진 것을 가상(嘉尙)하여 많은 격려와 조언이 있었으면 한다.

2012년 4월

시인 김 태 옥(金泰玉)

차례

제1장 내 마음의 노래

제2장 봄의 향기

제3장 낭만의 계절

제4장 사색의 계절

제5장 겨울이야기

제6장 기타(散文詩)

내 마음의 노래

곰솔(海松)

너는
외로움을 모르나 보다
바닷가 외딴 곳에서도
아무도 찾지 않는 무인도에서도

모진 해풍에도 항상 푸르고
싱싱하게 살아가는 모습
변함없는 너의 생리를 배우고 싶구나

너는 강한 의지와 인내심이 있구나
심한 비바람에도 매서운 눈보라에도

늘 푸름을 잃지 않는
그 자태 변함없는걸 보면

천고(千古)의 세월에도
그 자리를 지키고 있겠지
곰솔 너는

내 마음의 노래

나는 누구인가? 나는 나로다
내 마음은 무얼 원(願)하는가?

부(富)와 명예(名譽) 그리고 또…
가진 것 많으면 마음이 무겁단다

나는 누구인가? 나는 나로다
내 마음은 무얼 찾고 있는가?

찬란한 꿈 그리고 또…
욕심을 버리면 마음이 편하단다

나는 누구인가? 나는 나로다
내 마음은 어디로 가는가?
뜬구름 같은 삶이 머무는 곳

나는 누구인가? 나는 나로다
내 마음이 꼭 찾아야 할 것은?

건강과 그리고 편안함이다
많든 적든 가진 것 나누어야 한다

나는 누구인가? 나는 나로다
내 마음은 이제 쉬어야 한단다
모든 번뇌(煩惱)로 부터 쉬어라

갈 길은 알아도 갈 날은 모르니
가진 것 훨훨 털고 참선(參禪)하리라.

감귤 사랑

그대 만남은 어렵지 않고
나 그대 좋아 침 흘리니

내 이 부드러운 손으로
그대 풋풋한 몸 만져 보고

좀 더 숙성되어 부드러워지면
그대 옷 벗기고 노란 속살에

입맞춤 하고파 오렌지 빛
겉옷을 하나 하나 벗긴다

부드러운 손을 가슴에 대고
요리저리 만지다가 한쪽만

우선 입술에 대고 뽀~옥 빨았다
새콤달콤한 그 맛이 너무나 좋아
너를 사랑하게 되었다. 감귤아~

다 사랑

어머니는
사랑을 모아
자식들에게 나누어 줍니다

자식들은
그 사랑을 먹고 자라나
온 누리에
그 사랑을 나누어 줍니다

사랑 때문에
세상은 따뜻해지고
행복해 집니다

이렇게
세상의 모든 기쁨과 행복은
이 다 사랑 때문입니다.

행복

사랑이 불타던 날에는
모든 세상이
아름다웠고

영혼과 육체는
몹시도
황홀하였으니

사랑이 타고 남은
잿더미에
또 하나의 사랑이
잉태하면

너 나 없이
이를 행복이라 하드라.

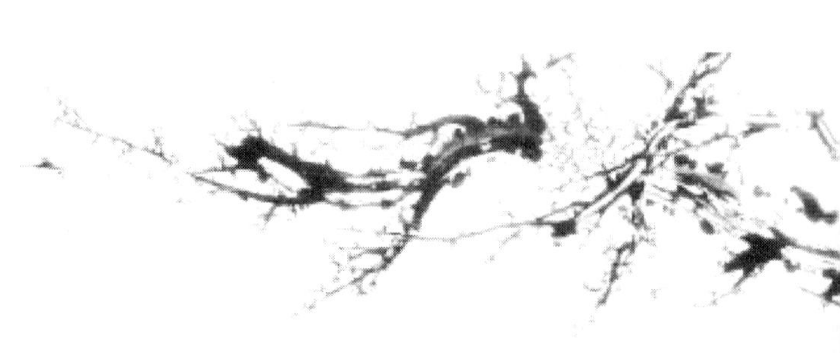

땅끝 마을 내 고향

내 고향은 땅끝 마을
바닷물 출렁대는 바닷가 마을
조개 잡고 굴 따는 남쪽 바다 내 고향

지난날 거닐던 바닷가 모래밭
백사장 언덕에 피어 있는 꽃

솜털 같은 가시에 붉게 핀 꽃잎
여름이면 피어 나는 붉은 꽃 해당화

여름날 갯벌서 뒹굴며 짱둥어 잡고
밀려오는 바닷물에 멱 감으며
즐겁게 뛰어 놀던 내 고향 땅끝 마을

바닷물은 변함없이 옛날 같고
뒷동산 동구 밖도 변함없는데

친구들은 어디 갔나 아무도 없으니
변한 건 인걸일세 허무하구나.

메아리

부르는 당신의 목소리 들리는 듯
대답하면 눈물이 흐를 듯

들여오는 소리는
스쳐 간 바람이였습니다

아득히 먼 곳에서
당신이 부르는 소리를 듣습니다

별들이 산마루에 서성거리면
두고 온 당신의 주름진 얼굴이
차가운 밤하늘에 달처럼 떠오릅니다

나는 당신의 목소리 그리워
저~하늘을 우러러 소리쳐 불러 봅니다

그러나 내가 부르는 소리는
허공 속에 흩어져 메아리로
되돌아 올 뿐입니다.

슬픈 이별

이젠 숱한 밀어들을 묻고
조용히 돌아서는 순간에

하얀 서리처럼 초점 잃은
이슬 맺힌 까만 눈동자가

또 다시 삶의 무리 앞에서
점점 멀어진 그림자는
작은 몸부림으로

가엾은 상처가 되어
얼룩진 추억만 남겨 놓고

이제는 잊어야 할
너와 나에게 이별만이
슬픔으로 승화 되는 구나.

그리운 어머니

카네이션 피는 계절이 오면
머~ㄴ 영 넘어 남쪽 푸른 하늘 아래

따스한 둥지가 있어
마음은 고향 길에 줄지어 서고

구름이 흐르듯 이 마음은
벌써 길손이 되어 싸리문 앞에 서 있는 듯

흰머리 날리는 어머니 모습에
그 따스한 손잡으려

양팔로 허공을 끌어안으면
포근함을 느껴지는 듯
어머니의 품이 그리워지는 계절

그러나 그 모습은 아련히 저~먼 곳으로
자꾸만 자꾸만 멀어져 가는 구나.

촛불이 되어

어두운 곳 찾아가는 너는
모진 비 바람에도 꺼지지 않는
어두운 달동네 골목 안 움막집

그 안을 밝혀 줄 수 있는 빛이
이 한몸 태우면 되는 것을
알면서도 모르는 척 눈감으니

자기 몸 태우며 봉사하는 촛불이 되어
남몰래 적선하고 이웃 사랑하는
촛불의 생리를 배워야 한다

이 한몸 태워 희망을 밝힌다면
어두움 밤늦도록 태워 보련다
불우이웃 도와주는 천사 촛불도

이름 모른 천사 촛불이 되어
따뜻한 사랑 서로 나눈다면
이 몸 또한 불태우는 촛불이 되리라.

현명한 사람

가장 현명한 사람은
자기 자신을 아는 사람과

개구리 올챙이 시절을
잊지 않는 사람

그리고
현실에 감사하는 사람이며

가장 현명한 사람은
이런 사람이 가장 현명한 사람

남을 미워하지 않고
사랑 할 줄 아는 사람이란다.

풍경소리

산사의 밤은
깊고 깊어
고요마저 잠든 밤

자나깨나 눈뜨고 노는
물고기 한 마리가

바람결에
풍경의 선잠을 깨우면

은은한 그 소리가
꿈결인 듯 스쳐 간 것은

바람소리가 아닌
풍경소리였네.

산사의 종소리

여명을 알리는 종소리
고요마저 깨어나고

스님의 목탁소리
염불소리에

산새들도 잠 깨어
염불한 듯 지저귀면

선잠에서 깨어난
동자승도 참선하고

바람소리 물소리
요란하게 우는데

딩~딩~딩~
산사에 울려 퍼지는 종소리가

삼라만상을 잠 깨워
새 아침을 열어 가는구나.

외손자 오는 날

집안은 온 통
웃음소리
박수소리

이제
갓 돌 지난 외손자의
재롱 때문이다

무슨 뜻인지도 모르는
옹얼거리는 소리로
의사 표시를 다 한 듯

웃고 손벽 치는 재롱이
너무나 귀여워
외손자도 웃고 나도 웃는다

외손자는
현관문을 열면 손도 흔들어
간다는 인사도 한단다.

당신의 위로

나 절망할 때
당신의 따스한 손 잡음이
내게 희망을 주었고

나 슬플 때
당신의 미소가
내게 기쁨이 되었으며

나 울고 싶을 때
당신의 웃는 모습이
내게 웃음을 주고

나 괴로울 때
당신의 위로 한마디가
내게 큰 위안이 되어습니다

이렇게 오늘 내가 있음은
오직 당신의 위로 때문입니다.

아름다운 노인(老人)

노인의 아름다움은
부(富)도 안이요,
명예(名譽)도 아니며,
용모(容貌)는 더 더욱 아니란다

세월가면 누구나 노인이 되는 것
늙어 가는 세월만큼
노인은 성숙해야 한단다

성냄은 노인을 추하게 하고
인자함은 노인을 아름답게 한단다

절약을 너무 강조하지 말라
공수래 공수거인 인생
베풀 줄 아는 노인이 아름답단다.

지하철

나는 외길로만 오고 간단다
기다려 주는 이가 있어
다른 길로 갈 수가 없단다

오던 길로 다시 가야만 하는 것은
나를 필요로 하는 그들이 있기 때문이다
나도 그들을 만나면
문을 활짝 열고 반갑게 맞아들인단다

나는 약속 시간도 장소도
나 혼자서 일방적으로 정했단다
이런 나를 기다려 주는
그들이 있어 나는 행복하단다

이들은 내가 언제 오려나
마냥 기다리고 있단다

그래서 나는 오늘도 이 길을
수 차례 가야만 하고
다시 되돌아 와야만 한단다.

꽃과 나비

나는 예쁘게 단장하고
나비를 유혹한다
벌도 불러들이지

나는 맛있는 꿀차를
그들에게 주기 위함이야

그럼 너희는 내게 무얼 주지
맞아 예쁜 열매를 맺게 하고

너희 역시
꿀차가 있기에 살아가고 있지
그래서 반드시 같이 살아 가야하는

꽃과 나비는
인(因)과 연(緣)으로 공생함이야.

낚시

낚시는 기다림이란다
강에 낚시 줄을 담겨 놓고
찌의 움직임을 기다린다
태공의 인내심을 배워야 한단다

황혼이 지고 어두움이 강물 위에 내려오면
밤은 깊고 깊어 칠흑같이 어두움 속에
파리한 야광 캐미가 허공을 돌아

물위에 가볍게 내려앉는다
그리고 그의 움직임을 기다린다
어둠 속에서 파리한 불빛이
끔벅 꿈벅~ 쑤~ㄱ 올라 오는 찰라
태공이 민첩하게 낚시대를 올리면
은빛 찬란한 붕어가 올라온다
월척이 아니라도 좋다

기다림이 주는 선물이기 때문이다
태공은 그 은빛 붕어를 바로 놓아준다
잡는 재미와 방생하는 미덕을 배웠다
낚시하는 태공의 인간성과 인내심에서

석화(石花=굴)

갯바위에 핀 꽃
아낙네들의 조세로
손목이 춤을 추면

하이얀 껍데기만
검은 바위에 흰 꽃이 되고

오가는 파도에 씻기어
은빛으로 빛나면

출렁이는 파도 소리에
장단 맞추어 부르는 노래가

굴 따는 아낙네의 심정인 듯
너무나도 애절하구나.

한강의 노을

해질 무렵 한강 다리위로
금속 괘음의 차들이 질주하고
꼬리가 긴 전철도 가는 데

다리 밑 한강 물위에는
노을 빛이 아름답다

저~멀리 유람선이 보이고
서쪽 하늘에 붉은 노을빛이
잔잔한 파도를 타지만

해 저문 한강에 노을빛이 지고
어두움이 내리면
또 하나의 노을이 비치겠지

이는 인공으로 된 노을 가로등이라
자연의 황혼빛과 달라
그 정겨움과 낭만의 느껴짐이
사뭇 다른 것을 어찌 한단 말이야.

빛과 그림자

너와 나는 떨어져 살수 없는 몸
언제나
너있는 곳에는 내가 있어야 하고
나있는 곳에는 너가 있어야 하니

서로가 타고난 운명이라 어찌하랴
내가 가면 너 또한 따라오고
너 가면 나 또한 쫓아가야 하니

연리지처럼 서로 떨어질 수 없는 구나
이렇게 한 몸이 되어 살다 보니

너는 내가 하는 짓을 따라 흉내만 내고
내 하는 일을 따라 하니 너와 나는 쌍둥이지

빛이 있어 그림자가 있으니
너와 나는 빛과 그림자로다.

사랑하고 싶다

사랑 한 번 하고 싶다
가슴 설레임이 두근거리는
사람 옆에 없어도 좋다

그냥 서로 그리워하는 그런 사람
그저 바라만 보아도 좋은 사람

서로가 사랑하여 늘 보고싶어 지는
그런 사랑 한 번 하고 싶다
가까이에서 거친 숨소리 듣고 싶다

해지는 저녁노을 바라보며
손 마주 잡고 산책하는 그런 사람

등산길 산장에서 커피 한 잔 마시며
서로 마주 보고 얘기 나눌 수 있는 사람
그런 사랑 한 번 했음 좋겠습니다

나 이제 마음 설레게 하는
그런 사랑 할 수 있을까요?

술 사랑

술은 참 좋은가 보다
슬퍼서 한잔하고
즐거워서 한잔하고

무언가 절망으로
괴로워서도 한잔한다

술은 참 좋은가 보다
마시는 순간만은
모든 것을 망각의
세계로 여행하기 때문이다

술은 참 좋은가 보다
용기를 주어서 좋고
순간을 잊어서 좋다
이래서 술을 마시나 보다.

커피를 마시는 날

커피를 마시는 날
꽃내음 그윽한 봄날
어느 산장에서 마시는 커피는
봄날의 향기와 같고

비오는 여름날
산행에서 마시는 커피는
건강한 인생의 삶과 같으니

낙엽 지는 가을
낯선 카페에서 마시는 커피는
사색과 낭만을 잠 깨워주고

함박눈이 내리고
세찬 바람이 몰아치는 겨울날
활활 타는 난로 옆에서 마시는 커피는
즐거웠던 추억들이 눈을 뜨게 하니

다정했던 너의 미소가
아련히 떠오른걸 어찌 하란 말이야.

파도의 노래

바닷가 모래밭에
밀려오는 파도 소리는
협주곡의 서곡인 듯
싸~악 싸~악
게들을 조용히 잠재우고

바닷가 바위 돌에 부딪치는
파도 소리는 철~석 철~석
물거품으로 조개들을 잠 깨우니

풍랑이 거치는 날엔
바위에 부딪쳐
깨어지는 파도 소리가

오케스트라의 연주인 듯
강렬하게 울려 퍼져
바다를 잠 깨워 성나게 하는구나.

야생화

내 이름은 야생화
아름답지도 않습니다

그러나 향기는 있어
벌과 나비는 좋아하지요
봄 여름 가을까지 조용히 피어나

산들바람과 속삭이고
풀벌레 소리도 들으며
밤하늘 별들의 이야기로 꿈도 꾸지요

아무 곳에서나 풀밭이면
피어나는 꽃이기에
꽃말도 없답니다
그러나 나는 행복합니다

자유롭게 피었다가
자유롭게 지는 꽃이지만
나를 외롭게 하지 않은
벌과 나비가 있기 때문입니다.

공기(空氣)

나를 마시게나
마셨다 뱉지 못하면 죽는다네
마음껏 들여 마시게나
얼마든지 마시게나 마셔야 산다네

나에겐 친구가 많다네
더운 공기, 찬 공기
신선한 공기, 탁한 공기
마음대로 골라 마시게나

내 친구 중 제일 착한 친구는
가장 신선한 산소라네
나를 마음껏 들여 마시게나
거저 공짜로 마시게나

소중함도 모르는 인간 들이여
무료 흡입한 대가로
나를 오염시키지나 말게
내 이름은 공기라네.

영화사

남에서 불어오는 강바람 타고
솔 향기 그윽한 아차산 중턱에
자리 잡은 절 하나

영화사의 범종이 여명을 알리면
목탁소리 염불소리에 산새들도 잠을 깨고
산행하는 등산객도 잠시 발길을 멈추는데

선잠에서 깨어난 동자승의 참선하는 모습에
불자가 아니라도 숙연한 마음이 드는 것은
아마도 무언가를 느끼고 있는 듯 싶구나

영험한 미륵 전 부처님이 있는 곳
미륵 석불 입상이 영화사 미륵전이라

중생들은 영험하다는 미륵전에
부귀영화와 출세를 위해
백일기도한다는데

이 몸도 미륵 전에 참선(參禪)하고
모두의 건강한 삶을 위해
나 또한 발원(發願) 하나이다.

인연이 되어

뿌리가 다른 나무의 가지가
서로 엉켜 하나로 접목되어
생존하는 연리지 마냥
애틋한 남녀의 사랑과 같고

뿌리는 서로 달라도
나무끼리 하나로 접목되어
살아가는 연리목 같이
남녀가 하나로 부부 됨이요

서로 다른 나무가
뿌리와 뿌리가 접목되어
살아가는 연리근처럼
당신과 나는 부모되어 살고 있노라.

사랑의 열매

너와 나는 해변에서 만났고
자기와 나는 카페에서 만났지
당신과 나는 젊어서 만났으니

해변에서 만난 너와 나는 연리지처럼
카페에서 만난 자기와 나는 연리목같이
젊어서 만난 당신과 나는 연리근이라

우리는 연리지 같이 추억을 만들고
연리목 처럼 자기와 나는 부부 되었으며
당신과 나는 연리근 같이 부모 되었네

이는 서로 인(因)과 연(緣)이 있어
헤어지지 않고 사랑하고 있으니

연리지 연리목 연리근처럼
우리는 사랑의 열매되어 행복하다네.

바다의 연주회

싸~악 싸~악 서곡이네
바닷가 모래 위 파도소리

게는 마파람에 눈을 감드니
음악소리에도 눈을 감는구나

바람소리 파도소리 점점 더…
바닷물은 출렁 출렁 춤을 추고

조개소리 소라소리 울려 퍼지면
짜르락~ 짜르락~
조약돌도 합주를 한다네

짱둥어 망둥어는 연주회 단골손님
물 빠진 갯벌에서 즐겁게 뛰어 놀고

밀려오는 파도가 바위를 난타하면
찰랑~ 찰랑~ 파래도 푸른 춤춘다네.

수은등

어두움이 내렸다 비가 내린다
유리창에 부딪치는 빗소리
후두룩~ 후두룩~

수은등 불빛 아래 두 그림자
어찌 보면 하나가 되었다가
다시 보면 둘로 되기도 한다

비 맞으며 사랑놀이하나 보다
밤은 점점 깊어 꿈속으로 가는데
그칠 줄 모르고 내린 빗줄기 속에

밤이 깊어 골목길 사람 드물고
비가 오나 눈이 오나 바람이 부나

외로움을 모르고 고독을 벗삼아
밤이면 빛으로 승화되어

어두움을 밝힌 너의 그 푸른 불빛
고요 속에 수은등 너를 좋아한다.

무소유(無所有)

사람들아 버려라
힘들면 버려라

무거우면 버려라
버리면 가벼워진다

그 꿈이 힘들면 버려라
그 꿈이 욕심이라면

부(富)와 명예(名譽) 권력도
뜬구름이다
너무 탐하지 말라

때가 되면 모두다
버려야 하는 것

아까워 말고 버려라
버리면 가벼워진다.

뜬 구름

구름은 바람 손에 끌려
흘러 흘러 가고

앞서간 뜬 구름은 따라오라고
두둥실 두둥실 흘러만 간다

세상사 모두가 뜬 구름 같은 것
사람들은 아는지 모르는지

무엇을 찾고자 한 몸부림인가?
찾아보고 잡아 봐도 바람 따라
흩어진 뜬 구름인 것을……

찬란한 꿈이라지만 역시 뜬 구름
바람에 밀려 다니는 힘없는 뜬 구름

나에게 산다는 것이 무엇이냐 물으면
뜬 구름이라고 말 하리라.

감사합니다

나는 감사합니다
숨을 쉴 수 있는
공기에 감사하고
아름다운 자연

그리고 꽃 냄새에 감사하며
모든 생명체와 그리고
내 갈증을 해소시킨
물과 따스한 햇살에 감사합니다

나는 감사합니다
바람의 속삭임에 감사하고
내가 건강하게 존재함에
감사하며 즐거움과 슬픔

그리고 외로움을 느끼게 하는
내 감정에 감사합니다.

언제나 청춘

몸은 늙어도 정신만은 청춘
아직 당신은 늙지 않았습니다
젊은이들이 하는 모든 것들을
다 할 수 있는 당신은 청춘입니다

이제 당신에게 진정으로
필요한 것은 건강입니다
아쉬움이야 많겠지만
버려야 할 것이 많습니다
마음의 무거움에서
벗어나야 합니다

지금까지 살아온 꿈같은
세월은 바람입니다
가야 할 곳은 알아도
갈 날을 모르는
당신은 아직은 청춘입니다.

아침 이슬

간밤엔 바람 없이 조용하였나 보다
바지자락을 적시는 이슬방울이

풀잎과 거미줄에 매달려
아침 햇살에 반짝인걸 보니

다이아몬드보다도 큐빅 보다도
반짝거리는 풀잎 끝 이슬방울
수정보다 맑고 깨끗한 아침 이슬

떠오른 햇살에 산들바람에
이슬방울이 흩어져 사라진다
그 영롱한 빛 어디로 갔나

너무나 짧은 생(生)을 마친 아침 이슬
꿈처럼 근방 지나간 우리들의 삶을
그래서
초로(草露)와 같다고 하였나 보구나.

친구에게

친구에게 하고싶은 말은
나 태어나 인(因)과 연(緣)이 있어

오늘 내 친구가 된 자네
나는 자네에게 소중한 친구이길 바라네

친구에게 하고 싶은 말은
지금 무얼 그리 생각하고 있는가?
덧없이 지나간 세월 그리워지는가?

흘러간 추억에 집착하지 말게나
어차피 한 번 간 세월이 아닌가?

친구에게 하고 싶은 말은
우리 세대는 지나가고 있네

아무리 발버둥치고 몸부림을 처도
가는 세월 막을 수 없지 않는가?

가진 것이 많든 적든 서로 나누며
덕을 쌓으면서 살아야 한다네

친구에게 하고 싶은 말은
자네는 나이가 들수록 연인 같은 친구라네
만나면 즐겁게 술 한잔 마시는 친구

안보면 보고 싶어지는 그런 친구 말일세
건강해야 만날 수 있으니 건강하게나 친구

친구에게 하고 싶은 말은
매일 만나도 만나지 않아도
가까이 있든 멀리 있든 변함없는 친구

여생을 같이 즐겁게 보낼 수 있는
자네가 연인 같은 내 친구였음 좋겠네.

인생 여로(旅路)

붉게 물든 황혼의 저녁노을
하루의 해가 지면 밤이 오고

이 밤이 지나면 또 다시
아침해가 뜨게 되지만

인생은 한 번 가면 유턴이 안 되는 걸
꿈같이 지난 세월 아쉬움만 남기고
흘러간 시간 속에 인생은 늙어만 가네

한 때 부귀영화를 탐하여 헤매다 보니
어느새 황혼에서 붉은 노을 보게 되었네

지난날 생각하면 너무나 힘들고 고달픈
우리들 삶에서 얻은 것이 무엇이냐?

돈과 명예라…… 하지만
이 모든 것이 내 것이 아니라네
공수래공수거인 걸 어찌한단 말인가?

바람 따라 흘러가는 구름처럼 간다네
우리 살아온 세상은 험하고 힘들었지

이것이 인생 여로라면 어찌 하겠는가?
석양빛 곱게 물든 황혼에서 무얼 생각하나

가진 것 많든 적든 내 것이 아닌 것을
알았다면 버리고 가야지
여로에 무겁지 않는가?

고달픈 인생 여로가 이런 거라네
… 허무한가?

자명종(自鳴鐘)

자명종 소리 듣고 새벽 잠 깨고
알람 소리 듣고 행동하는 사람들

이 소리도 가지가지
벨소리 종소리 음악소리 새소리

자명고 울어 울어 나라 구한 자명고
낙랑공주 자명이 호동을 사랑하여
호동 왕자를 위해 찢어진 자명고

자명고가 자명종으로 우는 시계 소리로
오늘날은 알람이 되어
바쁜 사람들을 행동하게 하는구나.

내 사랑 받아 주오

가슴 설레게 하는 사람 하나
만났으면 좋겠다
그저 보고만 싶은 사람

가까이에서 거칠어진
숨소리를 듣고 싶은 사람
그 사람이 바로 당신입니다

이 밤도 당신이 보고 싶습니다
그리움이 잠을 쫓고 있는 밤
흐르는 별똥 별 보면서……
창가에 왔다갔다 서성거립니다

이제 나 당신에게 사랑 고백합니다
카페에서나 한강가 불꽃튀기며
하는 그런 프로포즈는 아닙니다

사랑하기에 장미꽃 한 송이로
순수한 내 마음 전합니다
내 사랑 받아 주오.

시냇물

어디서 발원 이였나 묻기 전에
여기저기서 모여든 작은 물방울

하나 둘 모여 작은 소리로 흐르며
실개천이 모여 모여 큰 소리내고

괄~괄~ 흐르는 시냇물 되어
여기저기 흐르는 샛강이 서로 만나

강물이 되고
이제는 큰 꿈으로 바다에 이르니
이것이 너의 바램 이였구나

세상사 살다 보면 큰 것만 찾는 사람
작은 것부터 챙기는 사람들이 있지

티끌 모아 태산이라
점점 많아지고 모아지는 그런 기쁨 알려면
시냇물의 생리를 배워둠도 좋으리라.

결혼 기념일

꽃피는 춘삼월 좋은 때
아니면 오곡이 무르익은
황금빛 가을날 그 좋은 시절

모두 남겨 놓고 눈 내리고
추운 동짓달에 결혼하였으니
함박눈 내리고 크리스마스 캐럴 들으며
떠나는 신혼 여행길은 즐거웠지

그 시절 꿈같이 흘러가고 이제 황혼인데
그 동안 사랑한다는 말 얼마나 했을까?

여보! 미안하오
이제 못 다한 사랑 다해야지 하였건만
그 마저 안되니
당신을 진정 사랑하는데 말로는 안되네

값비싼 선물 다 필요 없고
사랑한단 말만 해 달라는
당신에게 이부터 시작하리라 여보!
사랑해요.

부평초

나는 물위에 떠있는 몸
물이 좋아 물위에서만 놀지
바람불면 바람 따라 가고

아침 햇살 비치면 이슬 머금고
넓고 푸른 잎에 뒹구는 이슬 털고
예쁘지는 않지만 꽃도 피어 주지

나는 물위에 떠있는 몸
누가 잡아 주지 않아 바람이
나를 잡고 놀자고 하지

나는 이리저리 떠돌아 다녀도
나를 하잘것 없는 방랑자라 하여도
내게도 생각이 있고 희망도 있다오

물위에 떠있는 몸이라고 웃지는 말게
자유가 그리운 사람들은
나를 몹시도 부러워 한다네.

나그네

밝은 빛 샛별이 지기 전
풀잎에 맺힌 찬이슬 떨고
떨어진 낙엽 밟으며 가다
철철 흐르는 냇물을 만났다

떨어진 나뭇잎이 물위에 떠서
이리저리 부딪치며 떠내려간다
어디로 가는 걸까? 묻기도 전에
하이얀 물보라 속으로 사라진다

얼마를 갔을까 다시 나타난 나뭇잎
사나운 물결과 바윗돌에 부딪쳐
몸은 엉망진창이 되어 기진맥진으로

강가 옆 온갖 오물 다 모인 곳에서
가쁜 숨 내쉬며 물결 치는 대로 움직이고
정처없이 떠내려 가고 있는
나뭇잎을 나그네라 부르리라.

동반자

당신과 나는 인(因)과 연(緣)이 있어
이렇게 만나 이 길을 같이 가네

비바람 몰아치고 눈보라 처도
당신과 나는 두손 놓지 않고
이 길을 가고 있네

먼동이 트는 시각 샛별을 보고
가다가 더우면 나무그늘에 쉬어 가고

눈보라 거칠고 세찬 바람 불어오는
동토에서도 따듯한 곳 찾아 쉬어 간다네

그래도
당신과 나는 서로 마주 보고 웃고 있네
희로애락이 여기에 있었구나 생각하며

이제는 서로 떨어질 수 없는
당신과 나는 동반자라네.

주마등(走馬燈)

이른 새벽길 떠난 길손으로
아침 이슬 떨며 바지자락 젖고
얼마를 가야 할지 모르는 길

어느덧 해는 석양빛에 곱게 물들고
지친 몸 잠시 허리 펴고 앉아
맑고 높은 하늘을 바라본다

흰 구름 떠돌며 바람 따라 흘러간다
어디로 가는 걸까 정처 없이 떠가는 구름
나그네 되어 푸른 하늘 나룻배 탔구나

세월이 강물처럼 흘러도 머물 곳 모르고
보일 듯 말 듯한 끝자락을 보는 듯
무작정 가야만 하는지 그만 가야하는지

이제 회한(悔恨)으로 지나온 발자국을 바라본다
어떤 모습으로 물들지 모르는 내일을 생각하며
내 인생 반추(反芻)로 황혼에 절규(絕叫)한다.

등대(燈臺)의 행복

외로운 바위섬에 홀로 서서
파도소리 들으며 고독을 알고
어두운 밤하늘에 별을 보고

풍랑이 거칠어 바다가 울부짖으면
칠흑 같은 밤에 배가 길을 잃을까 봐
밝은 불 밝혀 배 앞길을 비추어 준단다

낮이면 갈매기 찾아와 같이 놀아주고
밤이면 달님과 별들의 속삭임 속에서 불 밝히고
어쩌다 태풍이 불어오면 성난 바다가 무섭단다

어두운 밤 가야하는 방향 알려 주는 불빛이
멀리 멀리 비추어 주면 지나는 배 고마워
안전 항해한다고 뱃고동소리 울려 준다

그 소리 기뻐서 말없이 미소 짓고 어두운 밤
배가는 길 밝혀 주는 등대는 이래서 행복하단다.

벽에 걸린 산수화

아련히 보이는 높고 깊은 산
안개 속에 아물거리는 풍경들
깊은 골짜기에서 흘러나온 강물

배 띄워 놓고 한가로이 낚시하고
곱게 물든 나뭇잎과 붉어지는 감
고개 숙인 수수 콩을 터는 아낙네 모습

몇 년이 지나도 그 시절 변함없고
이후 몇백 년이 흘러도 변함없을 산천
태공과 아낙네도 그대로 있을 테니

어쩌면 좋으랴 이 몸은 가도 너희는
그 자리 그대로 변함이 없을 테니
너 닮았다면 가는 세월 두렵지 않으련만

카메라

보이는 대로 사실을 말하는
정말 양심적인 너만 같으면

이 세상이 두렵지 않을 텐데
너의 눈을 두려워하는 것은

사실을 왜곡하는 자들이고
잘못을 정당하게 하기 위해
합성도 한다는데 용서 못하지
보이는 대로 말하는 너에게

그 누구도 막지 못하는 사실을
세상에 태어나게 하여야 하는
너의 그 눈동자가 말을 한다
한눈으로 윙크하며 세상을 말하여라

예쁜 것은 아름답게 보여 주고
더럽고 추한 것은 더러운 대로

눈 하나로만 보는 카메라처럼
이 세상 살수 있다면 정말 살맛 나겠지
이 세상 사람들이 너처럼
살아 주는 날이 온다면 얼마나 좋으랴.

잡초

아무런 값어치도 없습니다
아름다운 꽃도 향기도 없답니다
이런 나를 찾아 줄 사람도 없지요

나는 외로워 슬퍼하지 않습니다
조용히 속삭여 주는 바람소리와
풀벌레 노래 소리도 듣고 있습니다

밤이 되면 반짝이는 별들의 이야기를 들으며
내 꿈을 위해 열심히 살아갑니다

또한 아무 곳에도
쓸모 없는 몸이지만 함부로 살지는 않습니다
나는 누구에게나 피해도 주지 않고 살지요

내 영혼은 맑고 깨끗하여
한점의 부끄러움 없이
떳떳하게 살아가는 잡초랍니다.

조약돌

강물이 흐르는 시냇가
파도가 소리치는 모래밭에
옹기종기 모여 도란도란

이야기하고 노래도 하며
그 많은 세월을 함께 한 너희는
오가는 물결에 깨끗이 목욕하여

그토록 윤이 반짝 반짝 거리고
너무도 매끄러운 아름다움 속에
예쁜 그림까지 그려 놓았구나

유혹하니 내 또한 한 움큼 들고
오리저리 짤랑짤랑 흔들어 보고
반들반들한 너의 모습에 반한단다

잔잔한 물결이 지나가면 햇빛에
아름답게 고운 자태 보여 주고
짜르락~ 짜르락~ 노래도 부르는구나.

방랑자

정처 없이 바람 따라 흘러가는
조각 구름 마냥 오늘도 목적 없이
발길 따라 가다 보니 날이 저무네

빛 고운 황혼에 저녁 노을 바라보니
집 찾아 날아가고 있는 물새들 노래
나 또한 외로움에 어두움 속으로

집도 절도 없는 몸이 어디로 가야하나
아무 곳이나 누운 자리가 내 방이니
팔 베고 누워 하늘 이불 끌어 덮는다

갈 곳을 묻지도 않은 별들에게 물어 보고
어디로 가야하나 별들의 속삭임을 듣는다

푸른 하늘 뜬구름 조각배를 타라고 한다
아무 곳이나 뱃길 가는 대로 따라 가란다
이것이 방랑자 인생이란다.

붓 글씨

죽은 듯 말 없는 너의 모습
살아 숨쉬는 생명체와 같이
꿈꾸며 춤추고 희망 갖고

하이얀 길 위에 똑바로 서서
밝은 눈으로 사방을 주시하며
자신의 꿈을 힘차게 그려본다

그려 놓는 모습이 살아 움직인 듯
아련하게 꿈틀거리며 천장을 오르고
움직이는 듯한 너에게 내 영혼도 반한다

느린 듯 빠른 물 흐른 듯 휘감는
길목이 환하게 열려 있는 춤추는 모습
유연하게 움직이는 운필에 힘이 있다

살아 숨쉬고 꿈틀거리며 움직이는 듯
힘차게 치솟는 그 모습 너의 기상이라
나 또한 너에게 반하여 감탄 할 뿐이다.

후회(後悔)

우리가 태어나 살다 보니
너와 나는 인연으로 만나
한세월 사랑이란 이름으로
슬픔도 괴로움도 함께 한 나날

우리들 사랑을 뒤돌아보면
후회됨도 없지는 않았지만
어렵고 힘들어도 감싸주던
서로의 위로가 아름다웠다

이런 우리 사랑 언젠가 병들어
슬픔만 남겨 놓고 돌아서게 된 마음
너 하나 끌어 않을 힘이 없어지고
두 눈에 이슬 맺히게 하였으니

빼앗긴 마음을 되찾지 못해
서로의 가슴에 아픔을 주었다
이제는 떠나야 하는 이별 앞에서
후회스러워 미친 듯 눈물이 흐르는 구나.

그 날

그 날 나 그대 처음 만나든 날
몹시 설레고 가슴 두근거렸지요
첫 눈에 반해 좋아 졌나 봐요

그 날 우린 한강변 산책로를 걸었지요
한강물은 파도 없이 잔잔히 흐르고
강변에 피어 있는 코스모스가 반겼지요

그 날 조용히 흐르는 한강물이 말하네요
사랑하라고 서로가 좋으니 손잡으라고
서로 마주 보며 미소 짓고 손잡았지요

그 날 이름 모른 물새 한 마리가 노래하네요
우리의 만남을 축하 한다고
행복을 느끼면서 석양빛 바라보았습니다

그 날 한강 공원 벤치에 잠시 앉아
붉게 물든 저녁 노을을 보면서
우린 이제 사랑하게 되었다고 말했지요
아직 설익은 초저녁 반달에게도

산마루

홀연히 부는 바람결에 갈잎의 속삭임
풀벌레들의 노랫소리가 좋아 눈을 감는다
이름 모른 야생화 꽃잎에 벌, 나비가 찾아왔다

자연은 아름답다 생각하며 풀밭에 주저앉는다
언덕 아래 강물이 흐르고 있다 어디로 가는 걸까
한 번 가면 되돌아올 수 없는 길을 즐겁게도 간다

강에서 불어오는 바람결에 억새풀이 노래한다
산마루 언덕에 그늘이 지고 붉은 저녁 노을 빛이
물결을 타고 있다 아직은 석양인데 낮 달이 반긴다

실바람이 산마루에 불어오면 갈잎이 조용히 속삭인다
노을진 황혼이 아름답다고 그리고 이제 별들이 올 거라고
땅거미가 지면 하늘에 별들이 산마루를 지킬 거라고

향기로운 들꽃향기 산들바람 타고 스쳐 간다
바람도 쉬어 가는 산마루에 붉은 노을이 지고 있다.

종착역

안개 덮인 새벽에 열차가 기적을
울리며 떠나려 한다
우선 이런 저런 짐을 싫어야 한다

기쁨도 슬픔도 싫고 고독과 즐거움도 싫고
눈물과 웃음도 싫어 보자

찬란했던 추억과 그리움도
사랑에 몸부림치던 괴로움과 외로움도
이렇게 싫고 떠나 보자

이 열차는 종착역을 향하여 달린다
삼사십대가 승객이면 시속 3~40km로 달리고
오륙십대 승객이라 시속이 5~60km로 달리며
칠팔십대 승객이면 7~80km로 달린단다

이렇게 달린 열차가 종착역에 도착하면 환승이 안된단다
그 누구도 이 종착역에 도착할 시간은 모른다
우리 모두가 이 종착역을 향해 달리는 열차의 승객이다
같은 열차를 승차한 승객이지만 열차도착시간은 각각 다르단다.

달맞이꽃

아무 곳에서나 피지 않는다
개천가 뚝 옆 바윗돌 사이에서 핀다
아무 때나 피지 않는다
낮에 잠자고 밤에 일어난다

낮에는 누가 볼까 봐 온몸을 감추고
얼굴도 감추고 고개를 들지도 않는다
그래서 꽃말이 말없는 사랑이란다
밤이 돼서야 노란 꽃잎을 활짝 벌린다

달밤에 피어나는 꽃이라 달맞이꽃이며
밤을 기다리다 피어나는 꽃이라 기다림이란다
별들과 달님을 기다리는 노란 달맞이꽃

달 없는 밤엔 별들을 만나 속삭이고
동산에 달뜨는 밤이면 달님과 노래하는
노란 꽃 달맞이꽃은 낮보다 밤이 좋단다

낮에는 말이 없어 꽃말이 말 없는 사랑이며
별들과 달을 기다리는 꽃이라 기다림이다.

흔적

어디를 가나 흔적은 있다
깊고 깊은 산속에도 있다
흔적은 발자국 뿐만이 아니다
흐르는 냇물에도 흔적은 있다
긴 세월 흘러가며 만든 흔적들
닳고 닳은 바윗돌 오목한 엉덩이

삶에 대한 흔적들은 너무나 많다
이 많은 흔적들은 무관심으로 지나치기도 한다
그러나 아픈 상처의 흔적은 잊을 수 없다
잠시 앉았다 일어선 자리에도 흔적은 있다
이런 흔적 중엔 사랑하는 사람의 흔적도 있다
그 사람이 남기고 간 흔적은 지울 수 없다

그대가 남긴 흔적 지우기위해 괴로워한다
딱지가 된 흔적을 떼어 내면 피가 흐른다
지혈을 하고자 몸부림치며 술을 마셔 본다
깊은 그대 흔적 때문에 저녁노을 빛 바라본다
흐르는 강물이 조용히 흐르며 말하고 있다
다른 인연으로 덮어서 지워 보라고

수석(壽石)

맑게 흐른 강가에 번적거리는 바둑돌
잔잔한 물결에 색갈이 변하는 조약돌

반들 거리는 검은 돌에 누가 그렸을까
하이얀 구절초꽃 같은 국화꽃송이
웅장하게 흐르는 계곡의 폭도 그렸다

자연은 신비하다 미술가이며 조각가다
기이하게 생긴 돌에서 괴암 절벽을 보고
검은 돌에 그려 놓는 산수화는 일품이다

산수를 즐기고 자연의 오묘함을 느끼며
수석을 찾는 이들은
진정 자연을 사랑하는 사람들일 깨다

돌에 그려진 산수를 가까이 놓고
보고 즐긴다 함이 수석 감상이라

우리 또한 자연의 신비함을
여기서도 느끼게 하는구나.

시골 처녀

나물바구니 옆에 끼고
꼬불 꼬불 논밭 샛길을 따라
논두렁 밭두렁에 파릇파릇 새싹

돋아나는 냉이, 달래 나물 캐고
졸졸 흐르는 개울가에 파란 미나리
언덕 위 잔디 속 푸른 쑥도 캐야지

요즈음 시골에 이런 처녀 있을까?
비닐하우스에서 자란 냉이, 달래하며
미나리, 상추, 쑥갓 나물 다량 재배하니

나물바구니 들고 들로 산으로 헤매는
이런 처녀들이 있겠는가?
시골에 처녀들이 없으니 나물 캐는 처녀인들
볼 수 있겠는가?

이런 처녀 보고싶으면 동화책을 보라
시골에는 처녀들이 없어 시골 총각들은
결혼을 못하여 외국 신부를 맞이한단다.

제 2장

봄의 향기

봄의 향기

포근한 봄바람 불어오니
얼었던 개울 얼음 녹고
졸졸 시냇물 흐르는 소리

강가에 노란 개나리꽃 피고
산 언덕에 분홍색 진달래꽃
실 바람 타고 오는 꽃 내음

청보리 밭에 봄바람 일렁이며
실버들 가지에 움트는 푸른빛

따사로운 햇살에 복사꽃 피고
벌 나비 모여든 살구꽃 봄 향기

텃밭에는 무꽃, 유채꽃 만발하니
노랑나비 흰나비 즐겁게 춤을 추고
화사한 꽃동산에 봄 향기 그윽하다.

이른봄 이야기

응달진 계곡에는 잔설이 있고
살얼음 밑으로 졸졸 흐르는
개울 물소리 조용하게 들인다

입춘이 아직 멀어 찬바람 불지만
양지 바른 곳 햇살이 따사로워
삽살개, 고양이도 낮잠을 즐긴다

먼 산 기슭기에 아지랑이 피어나고
불어 오는 바람 타고 봄소식 오면
나뭇가지에 물오르고 새싹이 움튼다

산골짝 개울물 흘러 흘러 봄소식 전하면
어린 새싹들이 땅을 뚫고 솟아나고
봄꽃들이 시새움에 줄지어 피어난다

개울물 소리 계곡물 소리 점점 요란하면
두견새 울음소리에 봄날은 깊어지고
새들의 노래 소리 바람 타고 들여온다.

봄이 오는 길목

삭풍은 앙상한 가지를 울리며
매서운 눈보라는 대지 위를 덮고
휘저어 동토가 된지 얼마일까?

이러한 동장군이 산을 넘었는지
강을 건너갔는지 묻기도 전에

눈치 빠른 버들강아지 하늘거리고
살얼음 밑으로 흐르는 물소리
겨울이 간다고 졸졸 노래하네

따스한 훈풍이 잠든 봄을 깨우니
대지는 기지개를 펴고 일어나는 듯
새싹들이 파릇파릇 눈을 뜨는구나

누군가가 벌써 그림을 그린다
넓은 땅을 화선지 삼아 푸르고 붉게
온누리는 색칠이 시작 되었고
한 낮에 두견새가 피나게 울어대니
이 천지는 이렇게 봄이 오는구나.

봄날

봄 노래 부르며 님 맞지 한다네
매화와 개나리, 진달래 안고 찾아온 님

저 멀리서 아지랑이도 함께 온다네
여인네 살결같이 부드러운 땅을
맨발로 이리 뛰고 저리 뛰며 반기는데

이런 나를 누가 찾거들랑
봄 여신 만나러 남촌으로 갔다고 하게나.

앵두나무와 할아버지

"앵두나무 우물가에 동네 처녀 바람났네."
흘러간 옛 노래 말에 있는 구절이라

우물가에서만 있는 줄 알았던 앵두나무가
그 옛날 우리 집 담장에도 있어
봄이면 하이얀 송이송이 꽃피고

흰나비 노랑나비 훨훨 춤추고
윙윙~ 벌들도 찾아오니
알알이 푸른 열매 예쁘게 맺어
늦은 봄날 빨간 옷 입노라면

동네 아이들 모여들어
돌팔매로 항아리 깨지고
아이들 쫓느라 목청 높인 할아버지

앵두가 없어질 때까지는
쫓고 쫓기는 술래잡기 계속되니
할아버지는 앵두를 지키는
경비원이 되었다네.

풀피리 추억

어린 시절 입술 트게 불어본 풀피리
봄이면 보리피리 버들피리 꺾어 불고

여름이면 소 몰며 풀잎 뜯어 불던
지난 날 풀피리 소리

구성지게 불며 불며 노래하던 시절
이제는 들어 볼 수도 없는 그 소리

그 옛날 내 살던 고향 풀피리 소리
새삼 그 소리 그리워 추억에 잠기네

따뜻한 봄바람 타고 새들도 노래하고
삼돌이가 부르는 구성진 유행가 소리도

풀잎 따서 입에 대고 따라 부르네
그립다 그 시절 그리워라 그리워.

보릿고개

요즈음 사람들 보릿고개를 알까요?
5~60년대 봄이 되면 식량이 다 떨어져
보리가 익기까지를 보릿고개라 한단다

지난 농사로 겨울철 먹고 봄이 되면
먹을 식량이 없어 보리가 익을 때까지
산과 들로 헤매며 초근목피하던 시절

요즈음 같이 풍요로운 세상에 살고 있는
젊은 사람들은 보릿고개를 말하면
다른 나라 일처럼 느끼고 배고픔도 모르지

지금이야 나라가 부강해 먹을 것 걱정 없어
행복한 젊은이들이 다른 생각들만 하는데
보릿고개를 아는 사람들은 무질서한 사회
정체성까지 흔들이는 이 나라를 걱정도 한단다.

할미꽃

아직도 설한풍이 불고
산골짜기엔 잔설이 남아
봄은 아직 멀었는데

양지바른 메마른 잔디 속에서
새싹인 듯 올라와 근방이라도
꽃망울을 터트릴 것만 같은 꽃 순

고개 넘어 시집간 딸이 보고파
딸의 집 갔다 돌아오는 길

고개를 넘다 보니 숨이 차서
잠시 쉬는 사이 잠이 들었다네
어이 할꼬 깨어나지 못하였으니
그 넉시 꽃이 되어

메마른 잔디 속에서 솟아 올라
보송보송 하이얀 잔털이 포근하고
무언가 말 할듯한 자주 빛 꽃잎하나
딸이 그립다 보고싶다는 말을 하고파
이제 곧 꽃잎을 활짝 열 할미꽃이라네.

연두색 연가

깊은 겨울잠에서 깨어나
기지개 펴며 긴 하품을 한다

간밤에 소리 없이 내린 빗방울이
동토의 온 누리를 녹이더니

파릇파릇 어린 싹이 솟아난다
메마른 나뭇가지에 물오르니

연한 잎새에 사랑의 씨앗 심었네
이사랑 인연되어 연두색 잎 피어나면

어린 풋사랑도 꽃 피어 열매되는 날
우리는 풋풋한 첫사랑 연인이 된다네.

모춘

청명 곡우 지난 삼월 늦은 봄
노랑 유채꽃 피어나 흰나비 날고
복사꽃 살구꽃 활짝 피어나니
벌, 나비 윙~ 윙~봄 노래 부르네

누린 누린 보리이삭 실바람 타고
머~ㄴ 산 능선에 아지랑이 피어난다
임 찾는 뻐꾸기 한낮에 울어 데니
장기 한 마리 푸드득 날며 울음 운다

만물이 화창하니 나뭇잎 푸르고
개울물 소리내며 흘러 흘러 흐르니
개울물에 송사리도 봄날을 즐기는 듯
왔다 갔다 춤을 추듯 때를 지어 노는구나

온 누리 화선지에 꽃 그림 그려 놓고
따스한 봄바람에 꽃 향기 풍겨 나니
잔디 속에 피어나는 파란색 파랭이꽃
엉겅퀴 꽃에 호랑나비 앉아 나래 짓 하네
이렇게 봄날은 가고 있다네.

제 3장

낭만의 계절

여름 날

무더운 여름 한나절이 지나고
산 그늘이 내리는 저녁 무렵

푸른 하늘에 유유히 떠가는
뭉게구름을 바라보다

님이 그리워 그 이름 불러본다
부르는 소리를 듣기나 하는 듯

내 님이 노을진 석양빛 받아
실바람 타고 이 안 가슴으로
파고드는 듯 하는구나.

여름 밤

나 어릴적 내 고향집
앞 마당에 대나무 평상 펴놓고
여름 밤하늘에 별을 본다

보리 껍데기 모깃불 피어 놓고
할머니 무릎 베고 있노라면
어린 손자가 모기에 물릴까 봐
부채 들고 모기를 쫓고
연기도 쫓고 더위도 쫓는다

파란 개똥벌레 불빛도 보고
맑은 하늘에 흐르는 별똥별도 본다
무더운 여름 밤은 이렇게 깊어만 가는데

철없는 어린 손자는 잠이 오지 않는지
옛이야기 해 달라 또한 조른다
빨리 잠들기를 바라며 옛이야기를 시작한다

옛날 옛날 호랑이 담배 먹던…
얘기 듣던 손자는 이내 잠이 들고
여름 밤은 깊어만 간다.

신록의 계절

봄빛 따스한 사월엔
하얀 목련꽃이
뜰에 피었드니

어느 날엔 꽃잎은 지고
그토록 청순하던 목련이

파릇파릇
연 초록이 되는 것은
계절의 변화이리라

이제 초록빛 그늘아래서
흐르는 땀을 씻노라니

정녕
신록의 계절이 왔나 보다.

푸른 이끼

깊고 깊은 산골
개울물 바위틈에
푸른빛 이끼는

흐르는 물이 좋아
물에서만 산단다

깊고 깊은 산골
그늘진 개울가 바위틈에
푸른빛 토하며

피어난 이끼는
산들바람이 친구란다

깊고 깊은 산골
어두운 곳에 피어나는
푸른 이끼는 조용하단다.

산딸기

햇볕이 따갑다 이마에 땀이 흐른다
수확이 끝나고 보리밭 개구리 울어 주는
모내기에 바쁜 농번기라

길옆 덤풀 속에서 살짝 얼굴을 내미는
너는 누구지? 햇살에 곱게도 익어 가는
너는 산딸기였구나

팔을 뻗어 가시 덤풀 속으로
쑤~ㄱ 밀어 넣으니 앗! 따가워
산딸기 가시가 내 손을 막는다
깜짝 놀라 주춤하다

다시 넣었다 새빨간 산딸기 한 송이
조심스럽게 따 꺼내 들고 보니
너무도 영롱하고 아름다운 붉은빛
입안에 넣기가 너무나 아깝다만

그래도 그 아름다움을 모두 갖고 싶어
이제 내가 너를 소유한다.

해바라기꽃

한여름 뙤약볕 내려 쪼이는데
이 날이 좋아 이글거린 태양을 본다

태양을 사모하는 마음 일편단심이라
햇볕만 찾아 고개 돌리는 너를 닮고 싶다

그대 향한 이 마음도 이러하지만
아쉬움만 남겨 놓고 그대는 어디 갔나

그대 없는 이 자리를 새로운 인연으로 채워 보랴
한 송이 해바라기꽃으로 남아 아쉬움을 덮을까

만일 그대가 이처럼 해바라기꽃 닮았다면
얼마나 행복할까 가슴 설레지만 이건 아니네.

옹달샘

너는 어이 하다가 이런 곳
깊고 깊은 산 속에 생겨났느냐?
목마른 누굴 위에 졸졸 물 흐르고

한 여름 뙤약 볕에도 마르지 안으니
시원함이 더해 갈증을 해소하는구나
도랑물 흘러 목마른 풀뿌리 적시니

예쁜 꽃 피고 산새들도 목 추기며
흐르는 개울에 물방개 헤엄치고
돌맹이에 붙은 이름 모른 벌레들도

졸졸~졸졸~ 엉덩이 물가에 푸른 이끼
나는 이들에게 사랑 받는 옹달샘이라네.

제 4장

사색의 계절

계절의 망각(忘却)

잿빛 하늘은 비를 뿌리고
찬비 맞고 뒹구는 낙엽은
나를 슬프게 한다

황금빛 들길 가을꽃 미소짓는
비탈진 산길 따라 낙엽을 밟고
수확의 계절 보다는 슬픈 계절인 듯
낙엽 지는 소리가 나를 서글프게 한다

이번 가을에는 유난히도 단풍놀이를 가는데
우리 부부는 아직 야외 한 번 못 갔으니
고달픈 내 삶이 나를 서글프게 한다

하기야 바쁜 생활 속에서
세월의 흐름마저 잊어진 것은
아마도 계절의 망각인 듯 싶구나.

가을의 정취

지난 밤엔
그믐달이 안개 속에 비치드니
무서리가 소리 없이 내리고

소슬한 바람이 불때 마다
갈색 낙엽 지는 소리에
깊어만 가는 가을

한 주일 내내 쓸어 모아둔
갈색 잎에 불을 지피면

희뿌연 연기는 바람 손잡고
창공으로 오르고
고소한 내음은 공간을 흔드는데

이는 깊어만 가는
가을의 정취인 듯 싶구나.

시월의 배경

별빛이 온통
강이 되어 흐르는 밤이면

공원 팔각정 지붕 위에
하얀 조랑 박은
향수에 젖어 고향 집을 그립게 하고

깊어 가는 밤 소리없이 내리는
이슬방울이 새벽길 떠나는
나그네의 바지자락을
적시게 하는 눈부신 시월의 아침에

단풍이 곱게 물들고
들판의 황금빛 물결은
가을에만 볼 수있는 아름다운
눈부신 시월의 배경이리라.

만추(晩秋)

싸늘한 바람에
낙엽이 지고
산천초목이 쓸쓸해지면
가을은 깊고 깊어

낙엽이 떠난 자리에
찬 서리 발이 서고
흰 눈발이 날리는 날

한잔의 따끈한 차가
그리워지는 계절

다정했던 너의 미소가
아련히 떠 오르는걸 보면

그리움은
늦 가을에 찾아 오나 보다.

가을의 소리

초록빛 화사한 잎이
고운 옷 갈아 입으면
가을이 오는 소리

예쁜 꽃이 낙화되고
고운 열매 자랑하면
가을이 왔다는 소리

고운 잎 추하게 떨어져
바람에 날리는걸 보면
가을이 간다는 소리

소슬한 바람결에
흐느끼며 길 떠나는 낙엽을 보면
겨울 찾아 가을이 떠난다는 소리란다.

낙엽

한때는 연두색
어느 때는 초록빛
싱그러웠던 그 시절

이젠 고운 잎
벌써 낙엽이 되어
바람결에 떨어지는 걸 보면

젊음의 싱그러웠음이
세월에 못 이겨 늙어감을 보는 듯

우리 인생도
이와 비슷함을 느끼게 하는구나.

가을 밤

길고 긴 가을 밤에
잠에 들지 못함은
그대 그리워서가 아니요
덧 없는 지난 세월의
상념이 잠을 쫒기 때문이다

길고 긴 가을밤에
잠에 들지 못함은
지난날의 아쉬움이 아니요
무섭게 찾아온
외로움이 잠을 쫒기 때문이다

길고 긴 가을 밤에
잠에 들지 못함은
고향이 그리워서가 아니요
귀뚜라미 우는 밤에
낙엽 지는 소리가
잠을 쫒기 때문이다.

가을

가을은 꽃이 지고
주렁주렁 열린 열매를 보고
나는 결실의 계절이구나

가을은 오곡이 풍성한
황금빛 들녘을 보고
나는 수확의 계절이구나

가을은 곱게 물든 단풍
갈대의 속삭임에
나는 사색의 계절이구나

가을은 비에 젖어 추하게 떨어져
뒹구는 낙엽을 보고
나는 서글픈 계절이라 말하고 싶다.

갈대의 노래

으악새 슬피 우는
계절이 오면

사~악 사~악 소리가
갈대의 서곡인 듯
실바람에 울고

깊어 가는 계절
세찬 바람 소리에
갈대의 노래는
한 옥타브씩 오라만 가는데

갈대는 무얼 갈망하며
부른 노래일까

지금 들리는 갈대의 노래는
박력이 넘치는데

누가 여자의 마음을 갈대라 했을까?
그래도 생각하는 갈대란다.

님 그리워

낙엽 지는 오솔길 따라
나 여기 산장에 왔노라

물소리 바람 소리에
낙엽 지는 소리까지
고요하게 들여오네

깊은 밤 난로 불이 따스하구나
별들의 속삭임에 풀 벌레도 울고

조용한 산장에
이런저런 소리 들으니
지난날 그 님이 보고싶구나

지금은 가고 없는 님이라
있을 때 잘할 걸 후회(後悔)도 하지만
지금쯤 별이 되어 내 마음을 읽을까?

흐르는 별똥별 보니
눈시울이 뜨거워 이슬 맺히네.

바람 부는 언덕

바람 부는 언덕에 새들이 노래하고
이름 모른 들꽃들이 꽃잎 날리니
풀벌레 우는소리도 싫지는 않구나

바람 부는 언덕에서 고개를 들어
먼~ 하늘을 바라 본다
푸른 하늘 하얀 구름 바람 따라 가고

창공을 줄지어 나르는 기러기 가족
어디로 가는 걸까? 서열대로 가는구나
저녁노을 받으며 멀리 멀리 날라 간다

초가을 언덕 바람 시원하지만
멀지 않아 이 바람 매서운 바람 될 테니
그 바람 맞으면 저 푸른 잎은 붉은 잎 되고

무서리 내리면 찬바람 불어오니
바람 부는 언덕에 예쁜 꽃 지고
으악새 슬피 우는 계절이 온단다.

고추잠자리

산들바람에 무더운 날 쫓겨가고
푸른 고추밭이 붉게 물들어 가는 날
불긋불긋하게 고추가 익어가고 있다

시원한 들바람 타고 고추밭을 맴도는
빨간 고추잠자리가 나뭇가지 위에서
뱅뱅 돌다가 파들 파들 나래 짓 한다

해질 무렵 고추밭 고추잠자리 떼 지어 놀고
석양빛 받으며 억새 풀 소리 내어 울음 운다
구름 없는 창공에는 눈썹달이 떠있고

강가 외진 곳에 한 마리 물새가 외롭게 앉아
가끔 꼬리를 흔들다가 고개를 갸웃거리며
가고 없는 님이 그리워 쓸쓸히 떨고 있다

멀지 않아 찬 서리 내리면 붉은 고추 떨어져 없고
엷은 나래 붉은 옷 입고 춤추고 놀던 너도 가겠지

알고 보면 세상사 모두가 윤회하듯 오가는 걸 보니
바람처럼 떠나간 것들이 어이 너희뿐이랴.

이 비 그치면

이 비 그치면 우린 가야만 한단다
가을비 내리는 들녘에 흐트러진
나뭇잎 밟으며 서로는 가야 한단다

이슬 맺힌 눈 바라보며 가야한단다
어디로 가는 걸까 방향도 모르겠다
아주 가야만 하는 걸까?

이 비 그치면 떠나지 말자고
서로가 앞을 가로막을걸
이 비 그치면 우리 사랑 끝나고

서로에게 얼룩만 남기고 떠난다니
작별이 아쉬워 우는 듯 비가 내린다
이런 사랑 일찍 알았다면
비오는 날 이렇게 떠나지도 않을 것을

빗물이 눈물 되는 이별도 없을 것을
이제는 아쉬움이 방울방울 빗물 되어
나뭇잎 깔린 엉덩이에 빗물만 고이는구나.

공원의 벤치

싱그러운 푸름의 속삭임
따가운 햇살을 피해 너를 찾는다

지나는 바람도 드러누운 그림자도
흐르는 구름 보며 날으는 새를 본다

한때는 이토록 분주하던 그 시절
지금은 아무 것도 없는 텅 빈 공간

그래도 찾아와 준 것은 한때 푸르던 잎
이제 이별하려 낙엽으로 내려앉는다

어두움이 내리고 가로등 불빛 밝히면
더더욱 쓸쓸하게 외로움이 감도는데

지나는 노숙인이 자리하고 누워 별을 본다
차가운 밤 공기에 소슬한 바람이 부는데

제 5장

겨울 이야기

송년(送年)

잿빛하늘에 솜털 같은 흰 눈발이
휘날리는 섣달 어느 날
퇴근길에 다정한 친구와 같이
길거리 포장마차에서

건아 하게 술 한잔 걸치고
이런 저런 세상사는 얘기하다가
둘둘 마른 카렌다를 옆구리에 끼고
오가는 행인들 틈에서

허느적 거리며 발길 따라 가다 보니
또 한해는 저물어 이 나그네를 슬프게 한다

그래도 희망을 주는 새 날이
또 다시 밝아오니
새해에는 이 나그네도 높은 꿈 펼치리라.

동백꽃

내 고향 남쪽 바다
땅끝 마을 해남 땅
바닷가 산모퉁이에
군락을 이룬 동백나무숲

해마다 이만 때면
수줍은 소녀가 문틈으로
살짝 얼굴을 내밀듯

붉은 꽃망울만 보이다가
정이월이 되면 활짝 피어

붉게 물든 꽃잎에
어느 여가수의 노랫말 같이
애틋한 사연은 없지만

그래도 바닷바람 맞으며
동절기에 피어나는 꽃이라
붉은 꽃잎엔 그럴 만한
사연이 있을 만도 하는구나.

겨울 바다

여름날에 많은 추억을 남기고
가 버린 쓸쓸한 겨울 바다
그 수많은 사람들의 발자취 마저
밀려 오는 파도에 자취를 감추고

아무도 찾지 않는 외로운 겨울 바다
그러나 바닷가 모래 밭에
속삭이는 파도소리에
낭만과 추억으로 걸어보는 겨울 바다

갈매기 몇 마리가 까르르~ 까르르~
바다 위를 나르고
지난 여름날 추억을 말해주듯
하이얀 파도만 밀려 오고 간다

그래도 겨울 바다는 좋다
조용하고 사색하기에 좋다
칠흑 같은 바다에
밤하늘 별들의 속삭임이 좋다.

까치집

앙상한 나뭇가지에 빈 둥지
하얗게 눈이 쌓여 있는 둥지 하나
주인이 떠나고 없는 둥지는 까치집

신록이 우거진 여름날에
둥지를 틀고 남몰래 살던 부부 까치
사랑스런 새끼들을 다 키워 보내고

나뭇잎이 지고 빈 둥지만이
앙상한 가지 위에 남아 있으니
집주인 까치는 어디로 갔을까?

어디로 날아가니?
소식 가지러 떠났니?

네가 울면 좋은 소식 온다는데
까치야 날아와서 울어 주려무나
가져온 소식 들어나 보자.

눈 오는 날

펄펄 눈 오는 날
내 사랑 당신은 무얼 하나요
이 눈 맞으며 산책을 하나요

창가에 앉아 내린 눈 보시나요
조용히 날리는 눈이 아름답지요
겨울 같지 않게 포근한 날
내 사랑 당신과 함께 걷고 싶네요

그 때 그 산장 생각나나요
그 날은 몹시 추웠지요 눈발이 날이고
장작나무 활활 타는 난로 불빛에
내 사랑 당신은 더욱 아름다웠지요

내 사랑 당신이 그리워지네요
눈이 점점 많이 내리고 있어요
지난날 당신과 함께 하던 눈길 데이트

즐거웠던 추억이 잠에서 깨어나
내 사랑 당신이 보고 싶어집니다.

눈 덮인 한강공원

지난밤 소리 없이 내린 눈은
사람들에게 들킬까 봐

모두가 잠든 사이 조용히 내려
온 세상을 은빛으로 단장하고

나뭇가지 가지마다 눈꽃이
송이 송이 예쁘게도 피어 있네

눈 덮인 골목길은 아이들의 세상
눈썰매 타느라 시도 때도 모르고

반들거린 길바닥이 미끄러워
지나가는 행인들 엉금엉금 기는 구나

강 건너 아차산도 흰옷 갈아 입고
눈 덮인 워커힐 불빛만 고요한데

광나루 시민공원 눈 덮여 아름답다
산책로 자전거 길은 보이지 않는구나.

눈꽃이야기

눈이 오네 눈이 내리네
산과 들에 소리 없이 내리네

조용히 내린 눈은
나무 가지에 소복이 쌓여
예쁜 꽃이 되고

눈꽃 피는 대나무숲, 나무숲을
지나다가 가지를 건드리면
우수수 눈 꽃잎 쏟아져
머리와 목덜미에 차갑게 떨어지네

하이얀 눈 덮인 설경도
은빛 찬란한 아름다운 눈꽃도
바람 없는 날 내리는 눈이라
소복 소복 쌓여 눈꽃 되었다네

겨울에만 피어나는 꽃이라
참으로 아름답고 귀(貴)한 꽃이지.

겨울 나무

어제는 초록빛 고운 옷 입고 놀던 날
오늘은 울긋 불긋 아름다운 옷 입던 날

고운 자태 뽐내던 즐거웠던 날들은 가고
낙엽이 바람을 못 이겨 힘없이 떨어진다

어느 한 곳에 모여든 쓰레기가 된 허름한
나무 옷은 뿌리의 영양으로 돌아가는 윤회(輪廻)

이렇게 모든 것을 다 벗어 던지고 나니
아무것도 걸치지 않은 나목(裸木)이 되어

설한풍이 흔들고 가는 날 하얀 겨울 이불 끌어 덥고
외로운 밤을 지세 우는 메마른 겨울 나무

무서운 동장군의 기세에 동토가 된 은빛 설경
매서운 찬바람 몰아치며 휘날리는 눈보라

그래도 이 밤이 지나고 따스한 해님이 찾아 주면
흰 이불 걷어 차고 일어나 질벅한 대지를 걸어간다

혹독하고 매서운 동장군의 힘도 이젠 다하고
훈훈한 바람결에 쫓겨 저 멀리 도망가는 날

어른 땅 풀려 나고 메마른 가지에 물오르면
이 나목(裸木)는 다시 고운 옷 입고 나를 맞지 하리라.

새해 해맞이

또 한 해가 가나보다
동해 바다 해맞이 떠난다니
섣달그믐 저녁노을지고
땅거미가 내리면 떠나는 사람들

새해 아침 동해 바다에 떠오르는
해님에게 어리석게 소원을 빌려고
눈길 빙판길 힘든 먼길을 왔단다
밤잠 설치고 기대감 속에서 새벽이 오면

별들도 아직 꿈꾸는 시각에
해변으로 모여든단다
바닷가 해변에 변함없는 파도소리

날이 밝아 오니 바다 수평선이 여명이라
둥근 해가 붉게 떠오르니 장관이로다
붉게 피어오른 햇살이 새해를 열고

하루 시작하는 이 아침이 새해 새 출발이다
올해에도 무사태평 소원성취 빌어 본다
모두들 환호하며 합장하고 기도를 한단다.

기타(散文詩)

석류 이야기

한 여름날 붉게 핀 석류꽃
아름답고 향기 좋아 벌, 나비 사랑 받아
붉게 물든 단풍철에 붉은 열매되었네

빨간 열매 터져 투명한 알맹이 튀어나오고
열매 속에 알알이 박힌 투명한 자줏빛 알맹이
새콤달콤한 맛에 두 눈 윙크하며 먹었다네

루비처럼 반짝거리는 아름다운 씨알
피부미용에 좋아 여인의 사랑 받으니
자손이 번창하고 부귀영화가 온다네

성서에 솔로몬 왕은 석류과수원을 가졌고
이집트를 떠난 유태인들이 황야를 떠돌며
갈증을 해소하고자 석류 맛을 생각 한다네

"질투와 증오를 없애려면 석류를 없애라."라고
예언자인 마호메트가 말한 까닭은 무엇이랴?

여인들이 질투와 증오를 잘한다는 뜻으로 알고
석류의 이야기는 여기서 접으련다.

사랑방 이야기

지난 날 우리 시골집 사랑방은
동네사람 모여 이야기꽃 피우고
새끼 꼬고 볏신 삼으며 하던 얘기

이 동네 소식통이 모두 모인 사랑방
추운 겨울날 소여물 끓인 아궁이 덕에
방바닥은 훈훈하여 추운 줄 모르고

날마다 무슨 이야기 그리도 많은지
호롱불 등잔에 기름 다 다를 때까지
도란도란 얘기하고 밤 깊은 줄도 모르며
내년 농사일 걱정도 하였건만

요즈음 시골에는 이런 사랑방은 간데 없고
노인들이 모여 노는 노인정이 있다네
시골 농사 일하는 젊은 사람 없으니

정겹든 옛날 사랑방은 간데 없고
오가는 노인정 이야기도 옛날 같지 않다네.

남한산성

남한산성에 오르니
남한강물이 흘러 흘러 노래하고
청량산 능선 따라 등산로가 좋아
높지도 낮지도 않아 오르기 좋은 산

청태종이 강화도로 쳐들어 온 전란이
병자호란이라 이 난리를 피해
남한산성으로 피신한 조선의 인조대왕은

청나라 황태극에게 삼궤구고두로 예를 올려
조선의 자존심이 상한 곳
이런 아픈 사연은 먼 역사의 뒤안길로 묻고

지금은 도립공원으로 인기가 좋은 곳
건강을 위한 등산로가 일품이라
오늘도 많은 사람들이 찾는 곳
그 이름은 남한산성이라네.

아차산

산에 오르면 한강물이 눈 아래서 흐르고
강바람 타고 올라오는 아카시아 향기에
발을 멈춘 곳이 아차산성

지금은 산성의 흔적도 찾아 볼 수 없고
보루만 남아 유적지로 복원하는 중이며
이 성에서 신라군과 싸우다 화살에 맞아
고구려 온달 장군이 전사한 곳

부군의 전사 소식 듣고 천 리 길을 달려온
평강공주 슬픈 노래가
한강물 따라 천여 년이 흐른 곳

높지도 않은 야산이라 건강을 위한 등산로에
인기가 좋아 오늘도 많은 사람들이 오르내리니
나 또한 이들의 발길 따라 올라 가리라.

계약결혼(契約結婚)

현대인은 자유롭기를 바란단다
사생활의 모든 일상에서
사랑까지도 구속은 싫어한단다

사람들은 물이 넘치는 강가에서
갈증을 더 느끼게 하듯
사랑을 하면서 사랑을 더 갈망하고
범람하는 사랑의 홍수 속에서
사랑의 갈증을 더 느끼고 있단다

현대인은 자신의 자유가
구속됨이 싫어 계약결혼도 한단다
사랑한다면 너무 간섭하지 말라
사랑도 좋지만 자유도 중요하다는 이들
사생활의 자유가 중요함을 재강조하고 있단다

사랑도 자유 사생활도 자유 구속됨이 싫단다
계약결혼은 언제든지 헤어질 수 있다는 전제다
서로가 간섭받기 싫어 택한 사랑이 계약결혼
연애가 아닌 계약결혼으로 결혼생활을 해 보아라

한강물의 탄생

창죽동 검용소에서 생겨난 임계천이
송천과 결혼하니 조양강이 태어나고
다시 오대천과 동강이 생겨났다네

이런 실개천이 흘러 흘러 양수리에서
서로 모여 남한강물이 되었으니

너 또한
금강산에서 발원된 금강천 실개천이
금성천과 서로 손잡고 소양강에 이르고

설악산에서 생겨난 북천과 내림천이 합류하여
홍천강이 되어 양수리에서 모였으니 북한 강이라

이들이 다시
남한강과 서로 얼싸안고 춤을 추니 한강이 생겨나서
실개천 따라 흘러 흘러 온 냇물이 큰 강물인 한강이 되어
이제는 더 큰 뜻을 갖고 망망대해로 흘러가야 한다네.

갯벌 사랑

내 고향 남쪽 바다 갯벌은 자연의 보고다
바닷물이 들면 고깃배는 먼바다로 나가고

바닷물이 빠지면 검은 갯벌이 드러나
바닷가 여인들이 조개 잡으려 갯벌에 들어선다

갯벌을 누비며 이것저것
손에 잡힌 것을 주어 넣다 보면
꼬막 바지락 낙지까지
몇 시간을 갯벌을 누빈다

어느새 바닷물이 들어오고
고기잡이 배들이 돌아오는데
까르르~ 까르르~ 갈매기도 동행하고
어부들의 흥겨운 노랫가락에

깃발이 날이면 틀림없는 만선이다
그래서 이들은 갯벌을 사랑한단다
그들의 삶의 터전이기에.